INVENTAIRE
B41884

Dr BLIEMETZRIEDER
Privat-docent à l'Université de Graz (Autriche)

Le TRAITÉ de PIERRE BOHIER

ÉVÊQUE D'ORVIETO

sur le Projet de Concile général (1379)

ÉDITIONS DES *QUESTIONS ECCLÉSIASTIQUES*
N° 47. — Juillet 1909.

LILLE

RÉDACTION
3, rue d'Isly

ADMINISTRATION
15, rue d'Angleterre

B

Dr BLIEMETZRIEDER
Privat-dozent à l'Université de Graz (Autriche)

Le TRAITÉ de PIERRE BOHIER

ÉVÊQUE D'ORVIETO

sur le Projet de Concile général (1379)

BIBLIOTHÈQUE NATIONALE R.F. IMPRIMÉS

DON 133820

EDITIONS DES *QUESTIONS ECCLESIASTIQUES*
No 47. — Juillet 1909.

B
41884

LILLE

RÉDACTION :
3, rue d'Isly

ADMINISTRATION :
15, rue d'Angleterre

NIHIL OBSTAT
Insulis, die 14 Augusti 1909.
H. QUILLIET,
librorum censor.

IMPRIMATUR :
Insulis, die 20 Augusti 1909.
A. MARGERIN, Vic. gen.
Domus pontificalis antistes
Archigymnasii cath. Insulen. Rector.

LE TRAITÉ DE PIERRE BOHIER

ÉVÊQUE D'ORVIETO

sur le Projet de Concile général (1379)

Il faudrait être bien hardi pour avoir la prétention de porter un jugement définitif sur le Grand Schisme d'Occident (1). Sans doute nous sommes beaucoup mieux informés sur cette question qu'on ne l'était autrefois ; sur ce point comme sur tant d'autres, la science historique a fait d'énormes progrès. Les historiens français en particulier ont consacré à cette époque des travaux excellents auxquels je me plais à rendre hommage ici, et, pour ne citer que celle-là, l'œuvre de M. Noël Valois est et restera longtemps indispensable à tous ceux qui étudient cette période de la vie de l'Eglise. Il s'en faut cependant que tout nous ait été révélé. M. le chanoine Salembier le disait récemment dans une conférence prononcée au Séminaire historique de Louvain et il traçait à ses auditeurs ce programme des travaux qui restaient à exécuter : « Pièces inédites à rechercher et à réunir dans les archives et bibliothèques de partout, quelque nom qu'elles portent... grandes collections à critiquer, à corriger, à refaire ; œuvres complètes des principaux acteurs de cette immense tragédie qu'est le grand schisme à publier et à annoter... *Alors seulement* on pourra écrire l'histoire complète de cette période si agitée et si difficile (2). »

Nous voudrions apporter une modeste contribution à l'histoire du Grand Schisme en publiant ici un traité de Pierre Bohier, évêque d'Orvieto, sur le projet de concile général. M. Valois (3) et, après lui, M. Salembier l'ont déjà

(1) La *Revue bénédictine* le notait en 1905 : « Cette période de l'histoire de l'Eglise est une des plus embrouillées à tous points de vue, et les historiens jusqu'ici, malgré de louables et récentes investigations, n'y ont pas encore apporté beaucoup de lumière. » (Année XXII, p. 294).

(2) *Revue d'Histoire ecclésiastique*, 15 juillet 1908 : L. Salembier, *A propos du Grand Schisme d'Occident*, p. 505 sq.

(3) N. Valois, *La France et le Grand Schisme d'Occident*, I, p. 325, n. 2.

signalé à l'attention des érudits, mais il est resté jusqu'ici inédit. C'est au cours de nombreuses recherches que nous avons entreprises dans les bibliothèques d'Italie, d'Autriche, d'Allemagne, de Suisse, de France, afin de faire une édition des écrits théologiques du Grand Schisme, que nous l'avons rencontré dans le manuscrit 1355 (lat.) de la bibliothèque de Rouen et dans le manuscrit 14643 (lat.) de la bibliothèque Nationale de Paris. L'exemplaire de Rouen est plus complet que celui de Paris; nous le suivrons dans notre édition; nous indiquerons en note les variantes de l'autre manuscrit.

Nous ne trouvons dans l'écrit lui-même aucune indication ni sur son auteur ni sur sa date. Mais on lit dans l'exemplaire de Rouen cette inscription : *Quidam tractatus, compositus per dominum episcopum Urbevetanum monachum tempore huius scismatis in Rotomago existentem, videlicet anno Domini m° CCCLXXIX*. On doit en conclure qu'il a été composé par l'évêque d'Orvieto, c'est-à-dire par Pierre Bohier, bénédictin; qu'il a été rédigé à Rouen en 1379. Il semble bien que ce soit à cette date que nous reporte la question traitée dans notre ouvrage : *utrum generale concilium debeat fieri pro instante divisione Romane ecclesie*. C'est en effet à ce moment que l'on agite beaucoup la question du concile général. L'exemplaire parisien ne porte que cette courte inscription qui n'est pas du scribe qui a copié le traité : *episcopus Urbevetanus*.

L'ouvrage de Pierre Bohier n'est pas achevé; M. Valois l'avait remarqué. Il nous est cependant possible de savoir comment l'auteur résout la question du concile et, sur ce point, nous nous séparons du savant historien. La première question que Bohier aborde est précisément celle du concile général et il la traite entièrement : *utrum generale concilium debeat fieri pro instante divisione Ro(mane) ecclesie decidenda*. Il répond ensuite aux objections de ceux qui, comme Conrad de Gelnhausen, Pedro Tenorio, prétendent qu'il est nécessaire de réunir un concile général : *Videtur tamen quibusdam*... Cette seconde partie est achevée comme la première. Celle qui vient ensuite ne l'est pas. Il semble que Bohier ait voulu s'étendre davantage sur un sujet dont il avait déjà parlé dans sa seconde partie : *Quod Romanus Pontifex non sit universalis.* Comme le dit très justement M. Valois, il ne donne ici qu'une sorte de canevas, une collection de matériaux, des extraits des chroniqueurs, des Pères, du Décret de Gratien. Il importe de remarquer que plusieurs de ces passages ont été ajoutés par d'autres mains.

Bohier n'admet pas qu'il soit nécessaire de réunir un concile pour remédier au schisme. D'après lui, l'élection d'un évêque de Rome n'intéresse que l'Eglise Romaine ; s'il consent à ce que les évêques de la province, voire même ceux de l'Italie, s'en occupent, il prétend que le reste de la chrétienté n'a pas à intervenir. Il s'élève contre des écrivains tels que Conrad de Gelnhausen à Paris, l'archevêque Pedro Tenorio à Tolède, qui déclaraient que la question du pape était une question à laquelle tous se devaient intéresser. Il semblait ainsi donner raison aux cardinaux qui prétendaient avoir le droit de résoudre toutes les questions relatives à l'élection du pape. Bohier se garde, pourtant, de se rallier à leur système. Il aurait souhaité qu'on réunît toute l'Eglise latine pour la réformer conformément au droit antique. Mais, se rendant compte des difficultés qui s'opposent à la réalisation de ce dessein, il préconise la convocation d'un concile provincial, où se trouveraient rassemblés tous ceux qui sont amis de la paix ; on y rechercherait les moyens qu'on pourrait employer pour écarter les difficultés du schisme.

Lorsque Bohier combattait ceux qui reconnaissaient dans la question du pape une question d'intérêt général, il émettait sur les prérogatives de S. Pierre et sur la souveraineté de l'évêque de Rome les propositions les plus aventureuses. Elles ne lui étaient pas personnelles. On les retrouve dans des poèmes tels que l'*Apologia super generali concilio*, le *Lamentatio Ecclesie*, poèmes dont l'importance est plus grande que ne l'a cru M. le professeur Wenck. M. Valois en a reconnu toute la valeur (4). Nous lisons dans le *Lamentatio* :

(4) N. Valois, *loc. cit.*, p. 382 sq. *Göttingische gelehrte Anzeigen*, 160 (1898), p. 241. Ces poèmes ne sont pas « *publicistische Machwerke in franzoesischen Versen* ».

Que l'ame ait deux maris, selon le sens mystique,
C'est que deux papes soient en la foi catholique.
Ne semble pas erreur, ne sentence heretique :
Je le le prouveray par raison autentique.

Qu'un homme ait gouvernance raisonable et paisible
Sur tous les gens du monde, c'est chose impossible.

Non pourroit un seul pape, tant fust de bon arroy.

L'Eglise ha pour espous Jhesu, vray Dieu et home ;
Et si ha el avec le vrai pape de Romme !
L'Eglize Lin et Clete ovec saint Pierre nomme ;
Dont peut l'Eglize avoir deux maris : c'est la somme (5).

C'était beaucoup plus à l'histoire qu'à la théologie que Bohier demandait une solution aux graves problèmes qui étaient posés par le schisme. Le roi de France le sut; il l'invita à poursuivre ses études, à rechercher dans l'histoire de la papauté le moyen qui mettrait fin à toutes les divisions. L'évêque d'Orvieto se rendit aux désirs du roi. Il vint à Paris et fut reçu au monastère des Célestins. Il y rencontra Philippe de Mézières, l'ami intime du roi; il devint bientôt son ami et il déplora avec lui les malheurs dus au schisme. Mais les recherches historiques que Bohier entreprit n'eurent pas les résultats qu'avaient escomptés Charles V et les Clémentins. L'évêque d'Orvieto changea d'attitude; bientôt il partit pour l'Italie et il rentra dans l'obédience d'Urbain VI. Le 10 mars 1387, il écrivit de Pérouse au cardinal de Luna pour lui annoncer sa conversion. Peu de temps après, le 31 août, Clément VII le suspendait; le 2 mars il lui donnait comme successeur à l'évêché d'Orvieto l'évêque de Grasse. Pierre Bohier n'était plus de ce monde (6).

Dr BLIEMETZRIEDER,
Privat-dozent à l'Université de Graz (Autriche).

(5) N. VALOIS, *loc. cit.*, p. 390, str. 69, 70, 72, 73.

(6) Ces renseignements sont puisés dans un traité d'Alphonse Pecha, que j'ai publié dans la *Rivista storica benedettina Roma*, Anno IV (1909), p. 83-100. Voyez aussi EUBEL, *Hier. cath. med. aevi*, I, 537.

TEXTE DU TRAITÉ

Quidam tractatus compositus per dominum episcopum urbevetanum monachum tempore huius scismatis in Rothomago existentem, videlicet anno domini M°CCCLXXIX.

La question

Cum inter nonnullos questio sit exorta, utrum generale concilium debeat fieri pro instante divisione Ro[mane] ecclesie decidenda, visum est quibusdam, salva semper correccione sancte matris nostre ecclesie catholice et singulorum theologorum ac canonistarum fidelium et in hoc verius iudicancium, quod generale concilium tripliciter sumi potest.

État de la question

Primo enim dicitur concilium generale, ubi congregata est omnis sinagoga, id est, tota universalis Ecclesia, tam latina quam greca, tam prelatorum quam principum, tam clericorum quam secularium, et tale concilium sic universale numquam congregatum extitit, nisi pro re universali, tangente videlicet universalem, id est catholicam Ecclesiam, ut fuit pernicies Arianorum, Macedoniorum et huiusmodi, ad quam extinguendam, ne macularetur catholica tota Ecclesia, facta fuit Nicena sinodus (*a*) (1), Constan[tinopolitan]a (2), et similes.

Secundo dicitur concilium generale, quod fit ab Ecclesia tantum greca, vel latina tantum, ut fuit concilium Anciritanum (*b*) (3), Neocesariense (4), Lateranense (5), Lugdunense (6), et huiusmodi.

Tercio dicitur concilium generale, quod fit sub aliquo (*c*) patriarcha, greco videlicet vel latino, pro re maxima, tangente totum patriarchatum, vel latissimam eius (*d*) provinciam, ut puta

R = Codex Rothomagensis 1355; **P** = Codex Parisiensis 1463.

(*a*) Synodus **P**; (*b*) anqrotanum **P**; (*c*) a[li]co **R**; (*d*) eius] et **P**.

(1) Le premier concile général à Nicée 325. — (2) Le second à Constantinople en 381. — (3) Le synode d'Ancyre en 314. — (4) Le synode de Néo-Césarée en 314-315. — (5) Jusqu'à Innocent III, il y a quatre synodes au Latran en 1123, 1139, 1179, 1215. — (6) Les conciles généraux à Lyon en 1245 et 1274.

totam Italiam, que est sub patriarchatu Romano, vel totam Africam, que est vel fuit sub patriarchatu Carthag[ini]en[si].

Solution de la question

ET SIC VIDETUR DICENDUM, quod *primum* generale concilium propter singularem divisionem duorum contendencium, occupare sedem Romanam volencium, non sit congregare necesse (*a*), nec eciam legitur hoc alias (*b*) esse factum. Vocabantur enim olim in simili casu Ro[mane] ecclesie comprovinciales tantum episcopi, sicut fit vel fieri debet in discordia electi metropolitani episcopi; et ita factum fuit ad litteram, cum Damasus et Ursinus (1) simul contenderent de episcopatu Romano et cum Symmachus et Laurencius (2) de eodem contenderent. Idem de Bonifacio II° et Dioscoro (3); idem de Stephano III° et Constantino (4). Et aliquando ipsi electores, id est, clerus et populus Romanus, iudices erant in causa et discordia diversorum electorum per ipsos, ut patet de Theodoro (5), Pascali (6) et Sergio in discordia electis. Idem de Benedicto XI° et Nicolao II° (*c*) (7). Electus interdum ultimo in sede Romana sua potencia absque alio iudicio expellebat primo electum et electos, ut Stephanus III (8) expulit Ph[ilipp]um et Constantinum, et Pascalis II (9) Albertum, Theodoricum et Maginulfum (*d*), et Honorius II (10) eiecit Theobaldum electum et nominatum Celestinum. Avidus quandoque de ipso episcopatu Romano, verum papam eiecit et remansit, ut Johannes XI (11) expulit papam Leonem, et Ioh[ann]es Sabinen[sis] episcopus, nominatus papa Silvester (12), eiecit Benedictum IX. Romani eciam cives quandoque electum, quandoque episcopum antiquum eiecerunt et ponebant alios novellos, qui aliis electis Romani episcopi remanebant; eiecerunt enim Leonem et posuerunt in sede Benedictum (13), et iterum eiecerunt Benedictum et reposuerunt Leonem; eiecerunt eciam Christoforum et posuerunt Sergium III (14); eiecerunt insuper Celestinum electum II, pluviali indutum, et posuerunt Honorium (15). Imperatores eciam et reges Italie de istis controversiis episcoporum Romanorum se intromittebant, iudicabant et eas interdum diffiniebant, ut patet in discordia Liberii et Felicis II (16), item in discordia Bonifacii I (17) et Gilalii (*e*), et in divisione Symmachi et Laurencii (18). Conclude

(*a*) necessarium **P**; (*b*) alias hoc **P**; (*c*) Nicholao **P**; (*d*) ms incerta : anguulfum ? ; (*e*) Gilalii] Sic **R, P**; **R** correct. : Gilasii.

(1) En 366. — (2) En 498-502. — (3) En 530. — (4) En 767-68. — (5) Theodore I (897). — (6) Pascal et Sergius I (687). — (7) En 1058. — (8) Voyez HEFELE, *Konziliengeschichte*, 1re éd., 3, p. 402. — (9) 1100-1105; voyez *Kirchenlexicon*, 9², 1549. — (10) En 1124. — (11) Le schisme sous l'empereur Otton I. — (12) Sylvestre III en 1044. — (13) Benoit IV contre Léon VIII. — (14) Christophorus contre Léon V et Sergius III en 903-904. — (15) En 1124; voyez *Kirchenlexicon*, 6², 257. — (16) Au temps de l'empereur Constantius. — (17) L'empereur Honorius en 418 et les rixes entre Boniface I et Eulalius; voyez *Kirchenlexicon*, 2², 1031. — (18) Le roi des Ostrogoths, Théodoric.

ergo ex premissis verisimile (*a*) manifeste (*b*), quod discordia sedis Romane non fuit reputata universalis causa, ut requireretur (*c*) universale concilium, imo ibimet (*d*) moriebatur (*e*) sedicio, ubi orta erat, intra videlicet muros Urbis. Decidant (*f*) ergo Romani, aut provinciales episcopi, vel saltem Italici, suas altercaciones, nec longe remotos inquietent ipsi, vel eorum discordie, nec sic longinqui (*g*) inquietentur ob hoc, quia istud non tangit catholicos (*h*), sed quosque (*i*) forsan avaros et presidencie avidos. Possent tamen Romani, si ipsis videretur expediens, ut consulcius ageretur, invitare aliquos prelatos vel magistros, expertos in theologia et in (*j*) canonibus, de aliis regnis vel provinciis, prout factum fuit super controversia, que erat de papatu inter Steph[anu]m et Constantinum ; nam tunc rogati iverunt Romam (1) pro dando consilium (*k*) XII episcopi Francie (*l*), in canonibus experti, tempore Karoli magni.

Generale vero concilium in *secunda* specie, scilicet (*m*) latine ecclesie, consonum, imo necessarium esset meo iudicio, ut reformaretur status collapsus (*n*) in ea, in quo esset primo ordinandum, ut sancta VIII universalia concilia servarentur, et sic esset reparatus absque alia nova constitucione status et honestas tocius ecclesie (*o*), quia, ut dicit beatus Gregorius, in his consiliis (*p*) sancte fidei constructura consurgit et cuiuslibet vite atque accionis in eis norma consistit ; non enim sine causa pape (*q*) et ceteri patriarche illa concilia expresse profitentur se servaturos ad litteram ; hoc idem profitebantur metropolitani et episcopi, ut clare in decretis habetur. Secundo in eo resumenda essent consilia (*r*) provincialia, quorum omissio nutrit hereses et tollit questionum et morum emendaciones, ut sanctus Leo testatur. Tercio esset in eo tractandum et ordinandum, ut cum diligencia, humilitate et veritate procuraretur Grecorum unio ; connexio enim, ut dicit sanctus Leo papa, unam tocius corporis ecclesie (*s*) sanitatem, unamque pulcritudinem facit.

Et si consilium (*t*) istud fieri non valeret in secunda specie, quod in *tercia* celebraretur : nam, etsi pauci sint concordiam, pacemque procurantes, simus nos ex paucis, quia, ut ait sanctus Clemens in epistola prima, sine concordia fratrum nec tranquillitatis portum

(*a*) **P** ; lectio Cod. **R** incerta ; (*b*) manifestum **P** ; (*c*) requireret **P** ; (*d*) ibi **P** ; (*e*) **R** *correct.* ; (*f*) Decidant] *in cod.* **P** *ad hanc vocem sub certo signo in margine ab alia manu add. haec nota* : O quam inique dictum ; (*g*) longiqui **P** ; (*h*) catholicos] in cod. **P** *nota interlinearis haec eiusdem manus quam notae f* : ymo certe ; (*i*) quosdam **P** ; (*j*) in] *om* **P** ; (*k*) consilia **P** ; (*l*) Francie] favore ! **P** ; (*m*) v[idelic]et **P** ; (*n*) collapsus] colapsus **R**, conlapsus **P** ; (*o*) *Hic in cod.* **P** *nota eiusdem, cuius supra, manus in margine* : Utinam sic fieret ; (*p*) conciliis **P** ; (*q*) papa **P** ; (*r*) concilia **P**. (*s*) **P** *collocat hic* : unam ; (*t*) concilium **P** ;

(1) Voyez la *Vita Stephani III*, MANSI, *Concil. Coll. XII*, col. 685.

intrare, nec civitatem regis summi, que pax nominatur, habitare valeamus.

Objections

Videtur tamen quibusdam, quod in discordia presenti ecclesie Romane universale concilium sit habendum, cum ipsa Romana ecclesia universalis et quasi totum videatur, ut sic universale ab universis pariter contractetur; Petro namque a Domino dictum est : Tu es Petrus et super hanc petram, et cetera, et illud : Tibi dabo claves regni celorum, dicitque (*a*) Petro ter Dominus : Si diligis me, pasce oves meas ; princeps eciam apostolorum (*b*) Petrus dictus est. Item concilia dederunt Romane ecclesie principatum.

Solution

Sed ad hec, sub protestacione descripta superius, videtur *respondendum* et *primo* dicendum, quo Romana Ecclesia non est universalis, sed est de universitate, catholice scilicet et apostolice Ecclesie, ut legitur et notatur XCIX. di. Ecce (*c*) (1). Si enim sponsa esset universalis, et sponsus eius universalis esset, quia non ad imparia hec duo ad hoc (*d*) iudicantur, XXXII. q. V. Christiana (2); hoc enim dici prohibetur in africano concilio et per papam Pelagium et sanctum Gregorium, XCIX di. c. Prime sedis, c. Nullus, et c. Ecce (3). Sic enim est ecclesia catholica Parisiis, sicut Rome, sic est eciam catholica in unaquaque ecclesia fidelium, sicut unum in numeris, ar[gumento] XXIIII. q. I. Loquitur ; non enim Ecclesia ipsa catholica est in sede speciali (*e*), non in ecclesia lapidea vel cathedrali, sed est tantum et manet in sanctis hominibus, ut dicit Augustinus (*f*) ad Bonifacium, de conse. di. IIII. Quevis (4), circa medium ; ipsa namque per universum orbem fidelium dilatatur, XXI, di. Quamvis (5). Eius (*g*) enim Ecclesie catholice unus episcopatus est et eius unus verus episcopus animarum nostrarum, unus universalis rector et pastor eternus, dominus Iesus Christus (*h*) XXIIII. q. I. Loquitur (*i*), et, ut teste Tertulano (*j*) in suo apol[ogetico] Plato asseruit, quod summe dominacionis imperium est (*k*) penes unum, eiusque officia penes plures, quem eciam finxit Iovem magnum in celo. Et ad hoc facit, quod Leo papa scripsit episcopis Sicilie c. VIII. in fine et facit prealle[gatum] c. Loquitur.

Ad istud : Tu es Petrus et super hanc petram, et c[etera], dicendum videtur, quod tunc Petrus typum gerebat catholice ecclesie,

(*a*) dixitque **P** ; (*b*) apostolorum eciam **P** ; (*c*) *Allegationes sunt in mss sublineatae* ; (*d*) ad hoc] **R**, **P**, *in cod.* **R** *expungitur* ; (*e*) speciali] tpali=temporali ? **P** ; (*f*) sanctus Augustinus **P** ; (*g*) huius **P** ; (*h*) *In cod* **P** *sub signo certo in margine haec nota eiusdem manus, cuius supra :* cuius papa est vicarius ; (*i*) *In cod* **R** *in margine haec nota :* solus Christus universalis est pastor Ecclesie ; (*j*) **P**, tutulano ! **R**. ; (*k*) est] tantum *add. P*.

(1) c. 5. — (2) c. 23. — (3) c. 3 ; ead. 4 ; ead. 5. — (4) c. 179. — (5) c. 3.

preallegatum c. Loquitur et XIX. di. Ita dominus (1). Id quod dicit dominus : super hanc petram edi[ficabo] ec[clesiam] me[am], de se ipso dixit (a) ; petra autem erat Christus, de qua eciam dicit Apostolus, quod domus Dei non cecidit, quia fundata erat supra firmam petram, que est Christus.

Ad illud enim : Tibi dabo cla[ves] re[gni] celorum, videtur eciam dicendum secundum Ieroni[mu]m, Ambrosium et Bedam, quod omnibus apostolis loquebatur in Petri personam ; Christi enim interrogacio, videlicet : Vos autem quem me esse dicitis ?, omnes pulsavit apostolos, et Petri confessio (b) : Tu es Christus filius Dei vivi (c), omnium apostolorum fuit confessio et assercio, et quod promissio Christi Petro facta : dabo, inquam, tibi cla[ves] re[gni] ce[lorum], fuerit communis apostolis, patet, cum promissionis adimplecio seu tradicio fuerit generalis ; communis namque fuit insufflacio, communis missio, quia : sicut misit me pater, ego mitto vos, communis potestatis tradicio, quia : accipite Spiritum sanctum, quorum remiser[itis] pec[cata], et c. I. q. I. Remissionem (2), et prealle[gatum] c. Loquitur.

Ad illud enim quod ter dixit (d) Petro Dominus (e) : Si diligis me, pasce oves meas, potest dici, quod eciam omnibus esse dictum censetur, sicut in predictis iam dictum est, quia hoc idem erant ceteri apostoli quod Petrus fuit ; pari enim consorcio et honore et potestate prediti extiterant (f), sed ab unitate exordium proficiscitur, ut Christi ecclesia una demonstretur, ut dicit beatus Cyprianus, XXIIII, q. I. Loquitur, et sic intelligit sanctus Gregorius, VIII, q. I. In scripturis (3), versu : et pastori, vel secundum aliquos Christus hoc dicit singulariter Petro, ne ab apostolatu et legacione precedenti, scilicet, sicut misit me pater, et cetera, se putaret, sicut forsitan se putabat, exclusum pro eo, quia Christum ter negaverat palam et Christum in malum temptavit pessimum, cum ait : propicius esto tibi (g), domine ; unde tunc Christus terribiliter et quasi privando ipsum apostolatu, suo quoque consorcio, ei dicit : vade retro, sathanas, quia non sapis que Dei sunt, sic eciam singulariter per os angeli locutus est de Petro, mulieribus dicens : Dicite, inquid (h), discipulis eius et Petro. Quod ideo actum est, ut ibi ait Gregorius, ne propter negacionem se exclusum Petrus crederet, L. di. Fidelior (4).

Ad illud, quia Petrus princeps apostolorum dictus est, dicunt ali-

(a) d[ici]t **P** ; (b) confessio] scilicet *add.* **P** ; (c) vivi] una **P** ; (d) d[ici]t **P** ; (e) **R** *nota in margine superiore* : quomodo respondetur ad illud quod Petro dictum est : Tu vocaberis Cephas, id est, caput ; (f) predictis extiterunt **P** ; (g) tibi] **P**, **R** *rasura* : mihi ; (h) inquit **P**.

(1) c. 7. — (2) c. 39. — 3) c. 9. — (4) c. 54.

qui, quod princeps ponitur hic pro priore, ut VII. q. I. In apibus (1), quoniam prius a Deo vocatus est in apostolatum et prior populum convertit (*a*), XXI. di. In novo (2), et istum principatum ab aliis (*b*) habuit, non a Deo, ut dicit Anacletus papa, prealle[gato] c. In novo. Nec isto principatu Petrus usus est Christo presente, nisi in quantum primus et pro omnibus loquebatur, nec post, maxime post dispersionem apostolorum, imo Paulus restitit et in faciem, quasi in parem vel inferiorem, II. q. VII. Paulus (3).

Ad illud enim, quod concilia Romane ecclesie dederunt potestatem, respondetur, quod consilia (*c*) generalia non dant ei maiorem potestatem seu privilegia, quam aliis patriarchalibus, ut patet in Niceno concilio c. VI, et LXV. di. Mos est (4). Constantinopolitanum tamen concilium dat ei primi primatis honorem in sedendo et se subscribendo in conciliis, ut (*d*) XXII. di. Renovantes (5). Sed nonne Sardicen[se] concilium c. VII. ordinavit, ut in casibus criminalibus episcoporum possit appellari ad Romanam sedem et quod de hoc possit ipse (*e*) cognoscere, vel causam ad partes remittere, ut ei placebit, II. q. VI. Si episcopus accusatus? (6). Dicendum enim, quod id concilium non fuit generale, quia in eo tantum fuerunt LX patres, et quam plures naciones ipsum ignorarunt et ignorant forsan adhuc, ut patet XVI. (*f*) di. Quod dicitis (7), et ideo illos patres tantummodo obligavit, si tamen obligare potuerunt, quoniam minora et particularia concilia nequeunt tollere vel declinare in generalibus conciliis ordinata, XV. di. Sicut (8), et c. seq., XVI. di. Sancta (*g*) (9), cum similibus. Precipiunt namque generalia concilia, ut cause criminales episcoporum in provinciali diffiniantur concilio, et si in tali iudicio discordes fuerint iudicantes, quod recurratur ad primatem, vel vicinos episcopos, in con[cilio] Antioc[heno] (*h*) c. XV., et Constantinopolitano con[cilio] (*i*) c. XII., c. XIII. et XX., con[cilio] Nic[eno] (*j*) c. V., Calc[edonensi] (*k*) c. XIX. cum aliis multis.

Question complémentaire

Quod Romanus pontifex non sit universalis. Primo, quia contra racionem naturalem est quod unus mortalis sit dominus mundi, item per registrum Gregorii in IIII^or epistolis, ubi diffuse istud detestatur, et si quis illud nomen (*l*) universalitatis (*m*) sibi usurpat (*n*), ipse comparat eum Lucifero ; dicit eciam sic : nullus

(*a*) convertit] **R** *add* : XI. di. c. Quis nesciat, *in margine habet notam* : Quare Petrus dicitur princeps apostolorum ; (*b*) aliis] apostolis **P** ; (*c*) concilia **P** ; (*d*) ut] et **P** *correct.* ; (*e*) ipsa **P** ; (*f*) XVI] **R** *correct.*, XLI **P** ; (*g*) sancta VIII **P** ; (*h*) anthioc **P** ; (*i*) constan conci° ; (*j*) conci° nic ; (*k*) calced. **P** ; (*l*) nomen illud ; (*m*) universalitatis] **R** *add sub signo certo in margine hanc notam* : tamen Sixtus papa utitur verbo universalis, II. q. VI. Si quis putaverit ; (*n*) usurpat sibi **P**.

(1) c. 41. — (2) c. 2. — (3) c. 33. — (4) c. 6. — (5) c. 6. — (6) c. 36. — (7) c. 14. — (8) c. 2. — (9) c. 8.

unquam predecessorum meorum hoc tam prophano vocabulo uti consenciit ; ponitur eciam in quadam epistola, quod non debet permittere, quod sic appelletur.

Item in historiis apud Maius Monasterium, ubi fuit mencio de Fulcone Nerra (*a*) (1) comite Andegavensi, dicitur sic : Licet namque pontifex Ro[mane] ecclesie ceteris in orbe constitutis reverencior habeatur, non tamen ei licet transgredi in aliquo canonici moderaminis honorem ; sicut enim unusquisque orthodoxe ecclesie pontifex ac sponsus proprie sedis uniformiter gerit speciem Salvatoris, ita generaliter nullum quispiam (*b*) inalterius patrare episcopi diocesi licet (*c*).

Item in libro Bulcardi (2) recitatur ex conciliis African[ensib]us capitulo VI°, ut Romanus pontifex non vocetur summus pontifex, nec princeps, sed prime sedis episcopus. Item in libro Turpini (*d*) (3) de gestis Rolandi habetur, qualiter ad instanciam Karoli magni factum fuit concilium LXI episcoporum ac eciam principum, in quo concilio fuit declaratum, quod tres sunt sedes apostolice, scilicet Romana, et Ephesina, et Compostelena, quod ibidem pulcre persuadetur per sacram scripturam, et quod sunt pares in potestate.

De beato Petro, ultra predicta, quod non habuit primatum universaliter glosa p[rim]e ad Cor. primo, et : super hanc petram, id est, super me ipsum, Filium Dei, et non super te edificabo Ecclesiam meam ; et plura alia ad istud propositum.

Item Augustinus IIII^to sermone apostolorum Petri et P[auli] multa dicit ad propositum, et inter cetera : Tibi dabo claves, etc., has enim claves non homo unus, sed unitas accepit Ecclesie (*e*).

Item in glo[s]a ad Gal. II. multa de paritate Petri et Pauli. Item in glo[s]a ad Gal[atas] primo.

De primatu Ro[mane] ecclesie universaliter.

Deutero. II. c. Si fuerit difficile, et cetera ; qui fi. sunt leg. c. Per venerabilem (4).

Anacletus XXII. di. Sacrosancta (5).

Zephe[rinus] II. q. VI. Ad Romanam (6).

(*a*) Nerra] **P**, neva **R** ; (*b*) quidpiam **P** ; (*c*) licet] **P** *hic finit* ; (*d*) *In cod* **R** *adscribitur haec nota* (*mutilata*) : Item fuit ad idem c. Cleros XXI. di. circa principium, [ubi ? non ? nam ?] in gradibus ecclesiasticorum [non ?] posuit papam, sed pro summo gradu ponit patriarcham Romanum, Anthiocenum. Ad idem c. Diffinimus XXII. di ; (*e*) *Haec scripta sunt in cod* **R** *a manu eadem, nunc hic add manus II*^a ; XXIIII° q. I. Loquitur et concor[dant]ibus.

(1) Voyez Rodulphus Glaber, *Francorum historiae* ll. V, l. II, c. 4 ; d'Acherius. *Spicilegium*, 10, Parisiis 1671, pag. 459 et seq. ; Migne, *Patrolog. lat.* 142, 633. — (2) Burchard de Worms, *Decretorum lib. I. de primatu ecclesie*, cap. III (Migne, P. l. 140, col. 550.). — (3) Ioh. Turpini († 800), *Historia de vita Caroli magni et Rolandi* (Just. Reuber, *Veterum scriptorum, qui caesarum et imperatorum germanicorum*, Francofurti 1581, page 79) ; (4) c. 13, X, 4, 17. — (5) c. 2. — (6) c. 8.

Calixtus
Gregorius } XII. di. Non decet, et c. Preceptis (*a*) (1).

Sixtus Si quis vestrum pulsatus II. q. VI. (2).

Innocensius Nemo iudicabit
Gelasius Cuncta per mundum
Simachus Aliorum hominum cause } IX. q. III. (3).

Gregorius Nulli fas est XIX. di. (4), idem (*b*) II. q. VI. Decreto (5).

Filium nostrum Epiphanium
Gregorius Si quis nos super his
Gregorius Metropolitanum
Ambrosius Beati Petrus et Paulus, ibi : caput est } II. q. VII (6).

Ciprianus Loquitur Dominus, ibi : episcopatus unus est (*c*), scilicet Christus, XXIIII. q. I. (7).

Nicolaus et
Anacletus } Omnes, et c. Sacrosancta (8).

Augustinus Puto II. q. VII (*d*) (9).

Iulius { Dudum III q. VI. (10).
Qui se scit II. q. VI. (*e*) (11).

Innocencius Cum a Iudeis XXIII. q. VIII. (12).

(*a*) Gregorius... c. Preceptis] *add a manu III*ª ; (*b*) idem - Decreto] *add ab alia manu IV*ª ; (*c*) unus est] *add II*ª *manus* : scilicet Christus ; (*d*) II. q. VII] *est manus IV*ªᵉ ; (*e*) *Istae allegationes sunt manus IV*ªᵉ.

(1) c. 1, 2. — (2) c. 4. — (3) c. 13, 17, 14. — (4) c. 5. — (5) c. 11. — (6) c. 42, 45, 37. — (7) c. 18, § I. — (8) c. 1, 2. — (9) c. 35. — (10) c. 9 ; cfr. FRIEDBERG, *Corpus iuris canonici*, ad. h. l. — (11) c. 12. — (12) c. 1.

BIBLIOTHÈQUE NATIONALE R.F. IMPRIMÉS

Lille. Imp. de *La Croix du Nord*. — 32488

222.

Les Questions

Ecclésiastiques

paraissent le 10 de chaque mois, en un fascicule in-8° d'au moins 96 pages, soigneusement imprimées sur beau papier. Elles formeront annuellement deux volumes d'environ 600 pages pour chacun desquels il sera fourni une couverture, une feuille de tête et quatre tables diverses : Auteurs, Actes du Saint-Siège, Bibliographie, Analytique.

L'abonnement court de janvier à janvier.

PRIX :	France et Alsace-Lorraine.	12.00
	Europe.	13.50
	Hors d'Europe	15.00

Prière de s'adresser, pour ce qui concerne l'administration, à M. l'Administrateur de la Revue, 15, rue d'Angleterre, à Lille.

Envoyer ce qui regarde la rédaction et les ouvrages pour comptes-rendus, à MM. QUILLIET & CHOLLET, Professeurs à la Faculté de Théologie, et Directeurs des *Questions Ecclésiastiques*, 3, rue d'Isly, Lille. — Secrétaire de la Rédaction : M. l'abbé DEHOVE, Docteur ès-lettres, Professeur suppléant à la Faculté des Lettres.

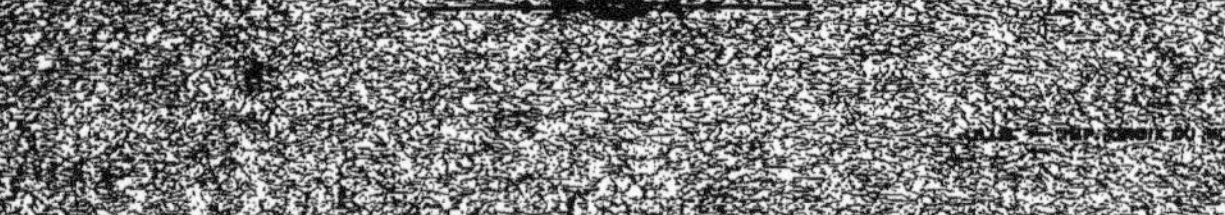

www.ingramcontent.com/pod-product-compliance
Ingram Content Group UK Ltd.
Pitfield, Milton Keynes, MK11 3LW, UK
UKHW022156260726
13993UKWH00005B/2410